BEI GRIN MACHT SICH IHR
WISSEN BEZAHLT

- Wir veröffentlichen Ihre Hausarbeit,
  Bachelor- und Masterarbeit

- Ihr eigenes eBook und Buch -
  weltweit in allen wichtigen Shops

- Verdienen Sie an jedem Verkauf

Jetzt bei www.GRIN.com hochladen
und kostenlos publizieren

Bibliografische Information der Deutschen Nationalbibliothek:

Die Deutsche Bibliothek verzeichnet diese Publikation in der Deutschen National-
bibliografie; detaillierte bibliografische Daten sind im Internet über http://dnb.d-
nb.de/ abrufbar.

Impressum:

Copyright © 2004 GRIN Verlag, Open Publishing GmbH
Druck und Bindung: Books on Demand GmbH, Norderstedt Germany
ISBN: 9783668105386

Dieses Buch bei GRIN:

http://www.grin.com/de/e-book/39249/brechen-einer-mundserviette-die-jakobiner-
muetze-unterweisung-hotelfachmann

Claudia Sunderkamp

Brechen einer Mundserviette: Die Jakobinermütze (Unterweisung Hotelfachmann / -fachfrau)

GRIN Verlag

GRIN - Your knowledge has value

Der GRIN Verlag publiziert seit 1998 wissenschaftliche Arbeiten von Studenten, Hochschullehrern und anderen Akademikern als eBook und gedrucktes Buch. Die Verlagswebsite www.grin.com ist die ideale Plattform zur Veröffentlichung von Hausarbeiten, Abschlussarbeiten, wissenschaftlichen Aufsätzen, Dissertationen und Fachbüchern.

Besuchen Sie uns im Internet:

http://www.grin.com/

http://www.facebook.com/grincom

http://www.twitter.com/grin_com

Unterweisungsentwurf zur Ausbilder-Eignungsprüfung

Prüfungstag

Name des Prüfungsteilnehmers   Claudia Sunderkamp

Kennnummer

Prüfungsort   IHK – Akademie München

Thema der Unterweisung   Brechen einer Mundserviette   Die
Jakobinermütze

operationalisiertes Lernziel   Der Auszubildende soll nach der
Unterweisung in der Lage sein, fachgerecht
und selbständig eine Mundserviette in Form
der Jakobinermütze zu brechen

Lernort (Ausbildungsplatz)   Restaurant

Ausbildungsberuf   Hotelfachmann/ -frau

Der/ die Auszubildende befindet sich im   7. Ausbildungsmonat des 1. Ausbildungsjahres

Zeitdauer der Unterweisung   15 Minuten

Verwendete Ausbildungsmittel   Mundservietten, Handzettel für den
Auszubildenden

Unterweisungsablauf   Vier-Stufen-Methode:
1.Stufe: Vorbereitung
2.Stufe: Vormachen und Erklären
3.Stufe: Nachmachen und Erklären lassen
4.Stufe: Abschluss

Ich versichere, dass dieser Unterweisungsentwurf von mir selbstständig erstellt und noch bei
keiner anderen Prüfung vorgelegt wurde.

_____   _____   _____

     Ort   Datum   Unterschrift

Unterweisungsablauf

Ausgangssituation:

Der/ die Auszubildende soll in einer Woche vom Empfang in den á-la-carte Service in das Restaurant wechseln.

1. Stufe:

Vorbereitung, Einstimmung, Heranführen des/der Auszubildenden an das Unterweisungsthema, Motivation

Vorbereitung
- am sauberen und hygienischen Lernort befinden sich mehrere Mundservietten, sonst nichts, was den Auszubildenden in seiner Konzentration beeinträchtigen könnte

Kontaktaufnahme und Befangenheitsnahme
- Auszubildenden freundlich begrüßen, direkt mit Namen ansprechen und ihm dabei in die Augen sehen, um eine gelockerte Atmosphäre zu schaffen
- Auszubildenden über den bisherigen Arbeitstag fragen, z.B. welche Tätigkeiten er wo ausführte, dies nimmt seine/ ihre Befangenheit und so gewinnt er/ sie Selbstsicherheit

Lernziel der Unterweisung nennen und in den organisatorischen Zusammenhang setzen
- selbständiges und fachgerechtes Brechen einer Mundserviette in der Form der Jakobinermütze
- Zusammenhang: Bei der letzten Unterweisung in der vergangenen Woche wurde das korrekte Eindecken eines Menügedeckes geübt und nun soll weiter auf die Vorbereitungsarbeiten im Restaurant eingegangen werden

Motivationshilfen geben
- Mundservietten sind sehr leicht zu formen
- auf der festlich eingedeckten Tafel nehmen dekorativ gestaltete Mundservietten einen zentralen Punkt im Blickfeld der Gäste ein
- die Dekoration der Tafel bekommt so einen persönlichen Touch, der Gast honoriert dies und fühlt sich willkommener

- der Auszubildende soll nicht zögern, bei Fragen auf mich zuzukommen

Sinn und Zweck der Unterweisung
- Der Auszubildende wird in einer Woche die Abteilung wechseln und selbständig das Restaurant vorbereiten
- bei festlichen Anlässen und im á-la-carte Service werden Mundservietten in verschiedenen Formen eingedeckt
- in den nächsten Unterweisungen wird der Auszubildende weitere Serviettenformen (Bügelform, Krone, Tafelspitz) kennen lernen

2. Stufe:
Vormachen und Erklären

Einführung
- Mundservietten dienen dem Schutz der Kleidung des Gastes und zum Abwischen des Mundes während und nach dem Essen
- dementsprechend sollen sie möglichst hygienisch sein, deshalb setzen sich in den letzten Jahren einfachere Serviettenformen, wie z.B. die Jakobinermütze, durch
- aus Gründen der Hygiene dürfen Mundservietten nie als Putztücher oder auf andere Weise zweckentfremdet werden
- aus diesem Grund müssen sich vor dem Brechen von Mundservietten die Hände gewaschen werden; es darf nur auf einer sauberen Arbeitsfläche gearbeitet werden
- der Stoff für Mundservietten ist meist Baumwolle, sie ist reiß- und nassfest, saugfähig und kochecht, d.h. sie kann bei 95°C gewaschen werden

Vorführung
- langsam und deutlich werden die einzelnen Arbeitsschritte unter strenger Beachtung und Betonung des Was - Wie - Warum vorgeführt:
  - o WAS wird gemacht?
  - o WIE wird es gemacht?
  - o WARUM wird es gemacht?

WAS?	WIE?	WARUM?
Die Hände werden gewaschen.	Mit warmem Wasser und Seife.	Bei dem Brechen von Mundservietten ist die Hygiene sehr wichtig.
Die Arbeitsfläche wird gesäubert.		Hygiene
Die Serviette wird ausgebreitet vor sich hingelegt.	Die linke Seite der Serviette liegt oben.	Die linke Seite mit den umgenähten Seitenrändern ist hinterher nicht mehr für den Gast sichtbar.
Die Serviette wird einmal in der Mitte gefaltet, sie liegt nun auf die Hälfte ihrer Größe reduziert vor uns.	Die untere Hälfte wird vollständig nach oben geklappt, die Ränder liegen exakt aufeinander und der Bruch wird sauber nachgestrichen.	Es muss exakt gearbeitet werden, da sonst später unschöne, für den Gast sichtbare Überhänge entstehen.
Die Serviette wird einmal in der Mitte gefaltet, sie liegt nun auf ein Viertel ihrer Größe reduziert vor uns. Es sind nun die zwei geschlossenen Seiten der Serviette am unteren Teil zu finden und die komplett geschlossene Seite ist rechts.	Die rechte Hälfte wird vollständig nach links geklappt, die Ränder liegen wiederum exakt aufeinander und der Bruch wird wiederum sauber nachgestrichen.	Ausgangsform für die Jakobinermütze
2/3 der Serviette werden nach oben geklappt, sie bilden später das dekorative Element.	Die untere rechte Ecke wird zu 2/3 nach oben überschlagen. Die oberen und linken Ränder beider Lagen sind versetzt parallel zueinander, die Spitzen beider Lagen bilden eine Linie. Der Bruch wird sauber nachgestrichen.	Auch hier muss exakt gearbeitet werden, um sichtbare Unregelmäßigkeiten zu vermeiden.
Die obere Ecke am dekorativen Teil wird umgeknickt.	Etwa 2 cm der oberen Lage werden dekorativ nach unten gebrochen, dieser Bruch muss gut nachgearbeitet werden.	Dekoratives Element an der Jakobinermütze
Die Serviette wird auf die Rückseite umgedreht.	Der abgeknickte Teil liegt wie bei einem gleichschenkligen Dreieck unten.	Ausgangsform zum Stehen der Serviette.
Die Seiten der Serviette werden ineinander geklappt.	Die Serviette wird gedanklich in drei Teile geteilt, der linke Teil wird eingeklappt. Dann wird der gedachte rechte Teil	Durch das Ineinanderstecken der Teile wird die Jakobinermütze standfester. Die Brüche werden hier nicht stark nachgestrichen, da sie

	umgelegt und in den linken Teil gesteckt. Hier wird weniger gebrochen als gelegt.	später sichtbar wären. Außerdem soll die Jakobinermütze einen ovalen Innenraum haben.
Die Serviette wird aufrecht hingestellt und im Innenraum nachgeformt.	Der Innenraum der Jakobinermütze wird oval nachgeformt.	Der Innenraum muss nachgeformt werden, damit die Serviette standfester ist und damit er Anblick schöner ist.

Verstehen

- Frage an den Auszubildenden, ob alles verstanden wurde
- nicht verstandene Schritte werden nochmals erklärt

3. Stufe:
Nachmachen und Erklären lassen

Wiederholung des Vorgangs

- Der Auszubildende wiederholt den Unterweisungsvorgang und bricht selbständig eine Mundserviette in der Form einer Jakobinermütze
- dabei erklärt er, WAS er macht, WIE er es macht und WARUM er es macht.

Hilfe und eventuelle Fehlerkorrektur

- während der Wiederholung wird der Auszubildende von mir beobachtet
- falls notwendig, korrigiere ich und gebe Hilfestellung
- wenn nötig, den Auszubildenden einen nicht korrekt nachgemachten Arbeitsschritt wiederholen lassen
- durch Verständnis- und Kontrollfragen Vergewisserung, ob der Auszubildende wirklich alles verstanden hat

Bewertung

- nachdem der Auszubildende seine Aufgabe beendet hat, wird unter seiner Mitwirkung das Ergebnis von mir bewertet
- bei gut nachvollzogenem Arbeitsvorgang spreche ich Lob und Anerkennung aus
- wenn Kritik nötig ist, wird sie sachlich geäußert, Verbesserungsvorschläge werden gemacht und der Hinweis darauf gegeben, dass weiteres Üben sicher zum Erfolg führen wird

4. Stufe:

Selbständiges Anwenden und Abschluss

Gesamtvorgang in eigenen Worten
- der Auszubildende fasst die wesentlichen Punkte des Vorgangs zusammen und gibt sie somit in eigenen Worten wieder
- eventuelle Fragen werden gemeinsam geklärt

Bezug zur Praxis herstellen und Motivation
- ab nächster Woche wird der Auszubildende selbständig diese Serviettenform brechen
- Zuversicht äußern, dass er diese Aufgabe gut meistern wird, für Leistung loben
- Aufforderung, bis zur nächsten Woche die Serviettenform noch einmal zu üben, damit alle Servietten optisch gleich aussehen
- Ermunterung, bei Rückfragen stets auf mich zuzukommen

Verabschiedung
- Aufforderung, das eben Erlernte in das Berichtsheft einzutragen und bei der nächsten Unterweisung vorzulegen, um es sich besser einprägen zu können
- zur Unterstützung werden dem Auszubildenden ein vorbereiteter Handzettel zum Thema der Unterweisung mitgegeben
- nochmaliger Hinweis auf die nächste Unterweisung mit Erläuterungen zu weiteren dekorativen Serviettenformen
- freundliche Verabschiedung

BEI GRIN MACHT SICH IHR WISSEN BEZAHLT

- Wir veröffentlichen Ihre Hausarbeit,
  Bachelor- und Masterarbeit

- Ihr eigenes eBook und Buch -
  weltweit in allen wichtigen Shops

- Verdienen Sie an jedem Verkauf

Jetzt bei www.GRIN.com hochladen
und kostenlos publizieren